LES GRÈVES,

Par L.-Ch. BONNE,

Avoué, Juge suppléant au Tribunal de Bar-le-Duc,

Docteur en droit, Officier de l'Instruction publique.

LES GRÈVES,

Par L.-Ch. BONNE,

(Extrait des *Mémoires de la Société des Lettres, Sciences et Arts de Bar-le-Duc*, tome V, année 1875.)

LES GRÈVES.

L'OUVRAGE le plus complet sur cette matière est, selon
nous, celui que M. Ch. Robert (1), alors secrétaire
général du Ministère de l'Instruction publique, conseiller d'État, a publié sous le titre suivant : « *La sup-
pression des Grèves par l'association aux bénéfices;* » nous ne
pouvons donc mieux faire que d'analyser ce remarquable travail, que nous voudrions pouvoir vulgariser.

Un des problèmes les plus sérieux, posés par l'économie
politique, la répartition des produits entre les éléments de la
production, est tombé depuis quelques années du domaine de
la théorie spéculative dans la vie réelle, et a occasionné des
désordres, qui, sur plusieurs points du monde civilisé, ont pris
des proportions effrayantes; les économistes les plus autorisés
en ont cherché la solution, et ont trouvé des industriels dis-
posés à expérimenter les procédés qui ont été indiqués pour
faire cesser la lutte existant entre le capital et les travailleurs.

Constater les causes des grèves et le mal qu'elles font, indiquer le remède propre à prévenir ce mal, répondre à toutes

(1) Paris, Hachette, boulevard Saint-Germain, 79.

les objections, citer les auteurs qui ont exposé théoriquement l'efficacité du remède indiqué, signaler les établissements industriels dans lesquels ce remède a été employé avec succès, proposer les moyens à prendre pour amener dans l'avenir, sans contrainte ni secousse, cet heureux changement dans les rapports du travail et du capital, tel est le plan de l'ouvrage que nous nous proposons d'analyser.

Voici, d'après M. Ch. Robert, la liste assez complète, dressée par un membre de l'association internationale, des causes qui peuvent amener une grève.

« La grève peut avoir pour but : ou une demande d'aug» mentation de salaire, ou le refus d'accepter une diminution
» de salaire, ou une diminution dans les heures de travail, ou
» l'abolition des règlements d'ateliers attentatoires à la dignité
» du travailleur, ou l'amélioration des conditions de salubrité
» et de sécurité de certains ateliers ou de certaines mines, ou
» le refus de travailler avec un outillage défectueux, avec des
» matières premières de mauvaise qualité dont l'emploi peut
» constituer une perte pour l'ouvrier, ou le dessein de s'op» poser à la violation des contrats (comme par la grève des
» teinturiers en coton d'Amiens), ou le projet de déjouer
» les machinations des chefs d'industries contre l'existence
» même de l'association ouvrière (comme il est arrivé pour
» la première grève des bronziers de Paris, et pour la grève
» des imprimeurs sur étoffes, de Roubaix), ou encore l'op» position contre l'introduction d'un trop grand nombre d'ap» prentis dans les ateliers. »

Après avoir constaté les causes qui amènent les grèves, il en montre les conséquences, sans en exagérer, mais aussi sans en dissimuler l'étendue.

La grève arrête le travail, ruine l'industrie, et produit immédiatement la misère pour l'ouvrier. Souvent il faut au patron plusieurs années pour réparer les pertes que la grève lui a causées. Quant à l'ouvrier, il est rare qu'il parvienne à se soustraire aux conséquences désastreuses que la grève aura pour lui.

Ses épargnes , s'il en avait, ont été entamées et quelquefois complètement absorbées.

Le plus souvent, cette ressource étant insuffisante, il aura contracté des dettes qui surchargeront longtemps son petit budget et qu'il ne parviendra peut-être jamais à acquitter.

L'épargne sauve l'ouvrier de la misère , protége sa dignité et sa liberté. Le secours qu'il est obligé de demander à l'emprunt, augmente sa gêne, et le rend pour longtemps esclave du prêteur, car il est bien difficile, même aux plus laborieux et aux plus sages , de reconquérir leur indépendance.

Cependant, M. Ch. Robert, ne condamne pas les grèves d'une manière générale, et nous partageons son opinion : la grève peut être permise aux ouvriers pour défendre leur salaire contre une prétention abusive, contre une coalition; de même que le patron peut être amené, par des motifs dont il est seul juge, à suspendre ses travaux : il peut y avoir de part et d'autre un usage légitime de la liberté qui ne doit pas cesser de régner dans tous les rapports du patron et des ouvriers.

Mais ce que blâme énergiquement l'auteur dont nous étudions l'ouvrage, ce sont les grèves suscitées par les passions démagogiques qui, sous prétexte de protéger les ouvriers, ne sont qu'une guerre injuste et coupable déclarée à l'industrie et aux patrons.

Après avoir montré dans un tableau des plus émouvants le mal que font les grèves, afin que patrons et ouvriers cherchent ensemble à les éviter, l'auteur pose en principe que « pour » supprimer la grève, expression de l'antagonisme du travail » et du capital arrivé à son paroxisme, il faut les rapprocher » en intéressant de plus en plus l'ouvrier à la prospérité de » l'établissement où il travaille. »

Il recherche ensuite quels sont les moyens pratiques qui peuvent amener ce résultat.

Il reconnaît qu'il n'y a rien d'absolu en cette matière, que l'on peut bien poser un principe, mais que c'est à la pratique à en tirer les conséquences.

« Rien de plus varié, dit-il, que les formes de l'activité
» humaine appliquée aux transformations de la matière, et,
» dans les diverses industries, chaque établissement a son in-
» dividualité propre.

» Rien ne serait plus funeste ici, que la prétention de sou-
» tenir, sans avoir égard aux circonstances, un système pré-
» conçu.

» Nous sommes dans le domaine de la liberté économique,
» et dans ce domaine, dont les lois sont connues et proclamées,
» nous ne pouvons avoir qu'une seule prétention, étudier les
» faits et en déduire les enseignements qu'ils portent avec
» eux. »

« La réforme nécessaire à notre pays, dit M. Play, doit être
» opérée sans contrainte, avec le concours de toutes les classes
» de la société ramenées à des opinions communes par l'étude
» des faits sociaux. »

On comprend que M. Ch. Robert n'ait pas oublié d'indiquer
la part que le Gouvernement a prise depuis quelques années à
cette question qui doit le préoccuper.

Voici comment il apprécie cette intervention officielle.

« Un décret du 7 juin 1866 a créé à l'Exposition universelle
» un nouvel ordre de récompenses, en faveur des personnes,
» des établissements ou des localités qui, par une organisation
» ou des institutions spéciales, ont développé la bonne harmo-
» nie entre tous ceux qui coopèrent aux mêmes travaux et ont
» assuré aux ouvriers le bien-être matériel, moral et intellec-
» tuel.

» Le choix a été fait par un haut Jury international, véri-
» table tribunal devant lequel pouvait se plaider la grande
» cause du travail et qui, lui aussi, a dû faire des enquêtes
» pour éclairer ses décisions.

» L'importance de ce décret n'a pas été assez remarquée. Ce
» jour-là, un grand pas a été fait. Les chefs d'industrie re-
» çoivent d'éclatantes distinctions honorifiques, nationales ou
» internationales pour la perfection ou le bon marché du pro-

» duit. Ne devra-t-on pas désormais, pour se conformer à
» l'esprit du décret de 1866, se demander toujours en pareil
» cas, si ce produit a été obtenu par une organisation du travail,
» irréprochable au point de vue de la situation matérielle et
» morale de l'ouvrier.

» L'industriel dont l'unique préoccupation serait de s'enri-
» chir trop vite en réduisant les salaires jusqu'à la dernière
» limite du possible, trouverait dans l'argent ainsi obtenu,
» une récompense très-suffisante, et serait mal venu à étaler
» sur ses factures ou à encadrer orgueilleusement dans ses
» bureaux les insignes réservés d'ordinaire à l'héroïsme, au
» courage, au dévouement et à l'honneur.

» La création du Jury spécial de 1867 prouve que, dans
» un prochain avenir, de telles récompenses ne devront être
» attribuées à la perfection d'un produit industriel qu'en tenant
» le plus grand compte des conditions économiques et sociales
» dans lesquelles il a été fabriqué. »

Invoquant à l'appui de son système des preuves authen-
tiques, il rappelle : que l'enquête du dixième groupe a constaté par « des faits irrécusables que la prospérité d'un atelier
» est presque toujours en raison directe de la participation de
» l'ouvrier dans les bénéfices de l'entreprise. »

Reconnaissant que cette participation peut avoir lieu de plusieurs manières, il constate que :

« Les institutions de prévoyance fondées par l'initiative et
» avec la subvention du chef d'industrie, constituent pour les
» ouvriers qui en profitent, sans courir aucun risque, une par-
» ticipation indirecte, une *part d'intérêt* dans les bénéfices
» d'une entreprise : car il est bien évident que si l'on donne à
» un ouvrier, même sans augmenter son salaire, les moyens
» d'économiser sur ce salaire et de faire un bon placement de ce
» qu'il épargne, on accorde par cela même un supplément
» réel, quoique indirect, au produit de son travail. »

L'auteur ajoute : « Que la participation bien entendue et
» bien appliquée, en donnant plus d'adhérence à tous les élé-
» ments de la production paraît à beaucoup de chefs d'industrie

» devoir fermer à tout jamais l'ère des grèves, et dans tous les
» cas, atténuer considérablement les effets du chômage…

» Enfin, que partout où la participation est appliquée, la
» marche de la production s'accélère en même temps que les
» conditions du travail s'améliorent. »

Toutefois, il est un système dont M. Ch. Robert ne croit pas
pouvoir conseiller l'emploi général et immédiat, c'est la coo-
pération.

« Il considère le système coopératif pur, celui des associa-
» tions coopératives de productions, comme un idéal duquel il
» faut vouloir se rapprocher sans cesse, mais ici les illusions
» seraient funestes. Ce régime suppose que les ouvriers possè-
» dent non-seulement le capital nécessaire à l'industrie, mais
» l'instruction et les qualités indispensables, soit pour gérer
» une entreprise, soit pour accepter sans murmure l'autorité
» d'un gérant.

» Il est évident que l'heure de ce système n'a pas encore
» sonné. Mais cette réserve faite, il faut admirer les sociétés
» coopératives dont le succès peut servir d'exemple et ne pas
» leur marchander l'éloge. »

Examinant ensuite comment le système de l'association aux
bénéfices peut se pratiquer, il démontre que l'association de
l'ouvrier peut être collective ou individuelle.

« L'association collective consiste à prélever une part des
» bénéfices pour la verser dans une caisse destinée à accorder
» des pensions viagères et des secours aux ouvriers qui se
» trouvent dans la misère, à payer les soins du médecin et les
» médicaments.

« Cette forme d'association a des avantages incontestables;
» mais l'association individuelle est un stimulant plus éner-
» gique qui peut se combiner avec la première forme. » C'est
à ce genre d'association que l'auteur accorde la préférence.

« L'association individuelle aux bénéfices se produit de deux
» manières, dit-il :

« 1° Par un système de rémunération à la tâche qui ajoute
» au salaire normal des primes représentant une part du gain

» que procure au patron un surcroît d'activité et de zèle dé-
» ployé par les ouvriers.

» 2° Par l'application du système qui attribue une portion
» déterminée du bénéfice de l'ouvrier, actionnaire ou non, par
» cela seul que ses bras sont employés depuis un temps déter-
» miné dans l'usine.

» Il s'agit, dans ce système, de mieux répartir entre les
» agents producteurs, la richesse créée par leur effort commun,
» d'augmenter par l'attrait même de cette répartition, la force
» productive de l'ouvrier, d'accroître ainsi la somme totale de
» richesse produite, et dès lors, d'enrichir l'ouvrier sans ap-
» pauvrir le patron.

» Une part du bénéfice annuel, s'il y en a, est attribuée
» ainsi, en sus du salaire, au capital vivant, au capital de chair
» et d'os que représentent les bras de l'ouvrier.

» La mise sociale de l'ouvrier moderne, c'est sa personne
» elle-même, matériel admirable, machine merveilleuse, sans
» laquelle rien ne peut se créer dans le monde industriel, capi-
» tal plus précieux que l'argent et l'or, qu'on ne pourrait éva-
» luer en chiffres que par une sorte d'attentat à la dignité hu-
» maine, mais qu'il faut cependant placer ici à côté des engins
» de pierre, de fer, de bois et d'acier, non pour l'abaisser par
» d'indignes comparaisons, mais au contraire, pour grandir
» son rôle et constater ses droits légitimes. »

Invoquant l'opinion de M. le docteur Jules Guyot, pour dé-
montrer que ce système d'association pourrait s'appliquer faci-
lement à l'agriculture, il cite ce passage admirable de l'ouvrage intitulé : *Étude des vignobles en France*.

« Pour que le travail de l'homme comporte les trois condi-
» tions d'énergie, d'intelligence et de dévouement qui le ren-
» dent si puissant, il faut que l'ouvrier ait un salaire assuré et
» un profit éventuel : le salaire achète sa main-d'œuvre et lui
» fournit l'existence matérielle strictement nécessaire pour lui
» et sa famille ; l'éventualité du profit achète son intelligence
» active et lui donne l'espérance de la rédemption, il ne lui
» manque plus alors pour se dévouer corps, tête et cœur à

» l'agriculture, et pour lui prodiguer tous les éléments du tra-
» vail humain, que de trouver des maîtres qui lui inspirent
» l'amour et le respect par leur justice, leur bonté, mais sur-
» tout par leur capacité supérieure... (T. I, p. 596).

» Le travail agricole à la journée et à prix fait, sans intérêt
» au produit du travail, sans profit éventuel rémunérateur de
» l'énergie, de l'intelligence et du dévouement, comporte une
» perte sèche, d'au moins trois ou quatre au détriment de l'ou-
» vrier, au détriment du propriétaire et au détriment de la
» société tout entière. »

Cependant le système de l'association individuelle de l'ouvrier aux bénéfices annuels du patron, soulève deux objections
principales auxquelles M. Ch. Robert croit répondre victorieu-
sement.

« On prétend d'abord que l'association à un degré quel-
» conque suppose l'immixtion dans la gestion et le contrôle sur
» le détail des comptes, et que dès lors l'autorité légitime du
» patron est entièrement compromise. »

Or, il déclare nettement « que le maintien de l'autorité du
» patron est un des principes fondamentaux de l'association
» aux bénéfices. Les personnes qui ont fondé des associations
» coopératives savent que le gérant doit disposer de pouvoirs
» étendus.

» Il en est de même, à plus forte raison du patron. Il est le
» chef, le directeur, il a la responsabilité vis à vis des tiers, il
» a engagé ses capitaux, il a le droit de commander et de sti-
» puler expressément le maintien de ce droit.

» L'immixtion des ouvriers dans la gestion serait déplorable,
» ce serait le désordre, l'anarchie, la ruine; les plus intelli-
» gents le savent bien; ils comprennent parfaitement que la
» division du travail est la loi des sociétés civilisées, et qu'on
» peut être un ouvrier forgeron, sans avoir la capacité néces-
» saire pour discuter les clauses d'un traité. »

Il n'admet pas non plus l'immixtion des ouvriers sous le
prétexte de contrôle, dans le détail des comptes. Au moment
de l'inventaire, le patron en présente le résultat, il affirme les

chiffres d'ensemble par une déclaration qui engage son honneur.

« Si les ouvriers prétendent que ce n'est pas assez, je ré-
» ponds, dit-il, que la participation aux bénéfices dans les
» conditions que j'ai indiquées, est un régime fondé sur la
» confiance, sur la loyauté et la bonne foi; l'affirmation men-
» songère du patron serait un faux en écriture commerciale,
» qu'il ne faut pas supposer un seul instant. »

Si les patrons objectent qu'il leur répugne de faire connaître
les résultats bons ou mauvais de leur année, M. Ch. Robert
ne considère pas cette objection comme un obstacle sérieux.

« N'arrive-t-il pas tous les jours, dit-il, qu'un patron est
» obligé d'entrer dans quelques détails pour justifier, par l'état
» critique de ses affaires, un refus d'augmentation de salaire. »

Ici nous croyons devoir faire quelques réserves : l'objection
nous paraît très-sérieuse et de nature à faire hésiter un grand
nombre de patrons. Toutefois, il y a une solution que l'auteur
s'empresse d'indiquer.

« Il existe, dit-il, un moyen très-simple d'éviter cet incon-
» vénient. C'est celui qu'employaient MM. Parfoury et Le-
» maire, marbriers à Paris, et les mines de Cornouailles. Au
» lieu d'attribuer aux ouvriers une quote-part des bénéfices,
» on leur alloue tant pour cent, sur le total des ventes de l'an-
» née. Rien n'oblige dès lors l'entreprise à faire connaître le
» chiffre variable de ses gains annuels, et cependant les divi-
» dendes des ouvriers s'élèvent ou s'abaissent ainsi, propor-
» tionnellement, au mouvement des affaires de la maison. »

On objecte encore que l'association aux bénéfices est contraire à la justice, car si l'on prend part aux bénéfices, il faut
supporter sa part des pertes quand il y en a.

M. Ch. Robert répond à cette objection en démontrant
que le travail est supérieur comme élément de production au
capital; que quelquefois le travail peut se passer du capital
pour produire, tandis que le capital ne peut jamais se passer
du travail. Par ce raisonnement il justifie le privilège du travailleur.

Nous ajouterons une autre raison qui nous paraît concluante pour justifier le droit de l'ouvrier à une part des bénéfices sans l'obliger à supporter sa part des pertes.

L'ouvrier donnant le travail qu'on lui a demandé doit toujours être payé, quel que soit pour le patron le résultat de l'entreprise.

On lui doit le service qu'il a rendu, n'étant pas appelé à diriger l'entreprise il ne doit pas être responsable des éventualités malheureuses qui pourront être la conséquence des imprudences du patron ou des événements imprévus qui ne peuvent jamais avoir d'influence sur le travail qu'il a accompli. C'est pour cette raison qu'il ne doit pas contribuer dans les pertes.

Si nous admettons avec les économistes dont nous invoquons l'autorité que l'ouvrier doit participer dans les bénéfices résultant de son travail, ce n'est pas à titre d'associé du patron, il ne nous est pas possible de lui reconnaître cette qualité que lui-même n'a pas entendu accepter en s'engageant à travailler.

Nous considérons la participation aux bénéfices comme une haute paye accordée volontairement à l'ouvrier à titre de gratification proportionnée au gain résultant en grande partie de son travail, gratification équitable, qui ne serait une obligation légale pour le patron qu'autant qu'elle aurait fait comme le salaire fixe l'objet d'une convention.

En accordant cette gratification, le patron commet un acte de justice dont il profite le premier, en stimulant le zèle de ses ouvriers qu'il intéresse par ce moyen à la prospérité de son établissement.

Envisagée ainsi, la participation de l'ouvrier aux bénéfices n'est point la conséquence d'une association légale et ne doit dans aucun cas l'obliger à supporter une part des pertes.

Le jour où son travail aura procuré un bénéfice à l'entrepreneur il en profitera, mais aucune considération ne peut autoriser celui-ci à lui retenir une fraction du salaire qui lui a été promis en échange du travail donné, quand même ce travail ne procurerait aucun bénéfice à celui qui l'a commandé.

Cette différence de situation entre l'ouvrier et le patron,

l'impossibilité d'établir d'une manière absolue entre le travail et le capital une association légale produisant toutes les conséquences juridiques d'un contrat qui rendrait l'ouvrier responsable des pertes, fait que la participation aux bénéfices ne peut avoir que le caractère d'une concession volontaire, destinée à intéresser l'ouvrier à la prospérité de l'établissement, à encourager et à rémunérer loyalement un surcroît d'effort ; mais qui ne peut jamais être imposée au patron.

Ce système d'association n'a rien d'extraordinaire, il se pratique tous les jours, avec certains employés, notamment les commis-voyageurs à la commission, qui reçoivent un salaire fixe et une remise proportionnelle aux affaires qu'ils font, sans jamais être obligés de supporter une part des pertes que le patron pourra subir.

Nous ne parlons pas de la perte résultant de l'imprudence ou de l'impéritie du commis lui-même, et qui doit rester à sa charge, mais de celles qui ne peuvent lui être imputées, quoiqu'elles soient la conséquence des marchés qu'il a été chargé de conclure.

Examinant ensuite l'objection tirée de la difficulté d'arriver à une répartition des bénéfices entre des ouvriers nomades, qui vont sans cesse d'une maison à l'autre, M. Ch. Robert répond que l'association les fixera. Ce n'est pas précisément résoudre la question ; il est vrai qu'il ajoute que la maison Leclaire, de Paris, a résolu le problème, en allouant à tout ouvrier auxiliaire, n'eût-il travaillé que peu de jours, une haute paie qui escompte à son profit le bénéfice probable, et qui est proportionnelle aux salaires gagnés par lui.

Enfin, à ceux qui opposent la difficulté d'établir un inventaire exact et de dégager le bénéfice net d'une année, il oppose les règles de comptabilité qui résultent de l'usage et de la jurisprudence commerciale, et il termine cette réfutation éloquente de toutes les objections accumulées par les adversaires de l'association, en citant, pour exemple, les sociétés anonymes qui allouent un dividende aux actionnaires, sans être arrêtées dans leur marche par cette difficulté.

Après avoir ainsi exposé théoriquement son système, et l'avoir dégagé des objections qui tendent à en paralyser l'application, l'auteur de l'ouvrage que nous analysons invoque le témoignage des maîtres de la science économique, et trouve en sa faveur : en Angleterre, M. Fawcelt, professeur d'économie politique à Cambridge, et M. Arthur Arnold; en France, MM. Batbie, Levasseur, Wolowski, Jules Duval, V. Duruy, Baudrillart, Frédéric Dany, Courcelle-Seneuil. Puis entrant dans le domaine de la réalité, il cite un grand nombre d'industriels qui ont, à divers points de vue, approuvé le système de l'association aux bénéfices.

L'auteur ne s'est pas contenté d'indiquer le remède qui, selon lui, doit supprimer les grèves, il fait mieux encore, il enseigne les moyens à prendre pour amener, sans contrainte ni secousse, cet heureux changement dans les rapports du travail et du capital. Il n'en voit pas d'autre pour la génération actuelle que la conciliation inspirée par l'esprit de prévoyance. Mais pour la génération future, l'instruction et l'éducation morale seront le véritable point d'appui de la transformation désirée.

« Ce qu'il faut souhaiter aux patrons et aux ouvriers, dit-il,
» c'est l'esprit de paix, la sagesse et la modération, la pru-
» dence qui prévient les conflits, le sentiment des maux qu'on
» évite, la connaissance des avantages qu'on peut obtenir, l'in-
» telligence des nécessités du temps. Il ne s'agit plus d'exciter
» l'enthousiasme par des illusions, mais d'invoquer la raison
» et le bon sens. »

L'enseignement des notions fondamentales de l'économie sociale, réduite à quelques axiomes qu'il n'est pas permis d'ignorer et sur lesquels repose la société, doit donc être le meilleur moyen de préparer la génération nouvelle à entrer dans cette voie et à accomplir ce progrès.

Il est inutile de rechercher comment cette question, qui préoccupe aujourd'hui tous les esprits et qui absorbe même les grandes questions politiques, est descendue des régions quelquefois nébuleuses de la théorie spéculative dans le do-

maine de la réalité. Des influences étrangères ont sans doute
tendu la situation à un point où elle ne serait pas arrivée, si
les travailleurs n'avaient été inspirés que par le désir bien
légitime de débattre librement et loyalement, avec leurs patrons, le taux de leur salaire.

C'est ainsi qu'on a remarqué que, dans toutes les grèves
importantes soulevées en France depuis quelques années, les
meneurs étaient des étrangers, recevant leur mot d'ordre
d'Angleterre. Or, pendant que nos principales usines chô-
maient, les usines anglaises, auxquelles elles font une redou-
table concurrence, profitaient de nos grèves pour multiplier
leurs produits et les substituer aux nôtres sur les marchés du
monde. Voilà des faits que nos intelligents ouvriers feront bien
de méditer.

Un homme que ses connaissances, son caractère, la haute
position qu'il a occupée, autorisaient à étudier et à résoudre
cette question, a trouvé une solution qu'il sera difficile de con-
tester, parce qu'elle repose sur les principes éternels de justice, en dehors desquels il n'y a ni progrès ni stabilité pos-
sibles dans l'organisation sociale. Nous entendons souvent
parler d'organiser le travail, mots vides de sens, gros d'orage
et de révolutions, jetés au milieu des ouvriers pour exciter
d'aveugles convoitises. Ce n'est pas le travail qui est à organiser, c'est l'homme lui-même en le moralisant et en l'ins-
truisant.

Le travail est organisé par la loi naturelle qui l'impose à
l'homme comme nécessité et comme devoir, par les lois im-
muables qui régissent les besoins réciproques de tous les êtres
intelligents. Dans les rapports sociaux, l'organisation du travail ne peut être que le résultat d'une entente libre et spon-
tanée entre ceux qui l'offrent et ceux qui en ont besoin. Toute
loi qui forcerait le capitaliste à travailler à des conditions im-
posées d'avance, serait aussi barbare et aussi injuste que celle
qui faisait autrefois de l'ouvrier un esclave.

La seule organisation désirable, c'est celle que tant d'il-
lustres économistes ont indiquée, c'est celle que nous venons

d'étudier, et elle n'est possible qu'à la condition d'être le résultat d'un accord librement consenti entre les divers éléments de la production.

L'ouvrage de M. Ch. Robert se recommande donc tout à la fois à la méditation des ouvriers et des patrons. Que les uns et les autres s'inspirent des sages conseils qu'il renferme. C'est en n'oubliant jamais leurs devoirs, qu'ils garantiront leurs droits, et que par une union toute-puissante du travail et du capital, ils assureront l'ordre, la paix intérieure, le bonheur de chaque famille et la prospérité de la nation.